ALFAGUARA INFANTIL

ALFAGUARA^{M.R.}

CUENTOS EN VERSO PARA NIÑOS PERVERSOS

Título original: *Revolting Rhymes*

D.R. © del texto: ROALD DAHL, 1982
D.R. © de las ilustraciones: QUENTIN BLAKE, 1982
Primera edición inglesa de Jonathan Cape Ltd., Londres 1982
D.R. © de la traducción: MIGUEL AZAOLA
D.R. © Grupo Santillana de Ediciones, S.A.

D.R. © De esta edición:
Santillana Ediciones Generales, S.A. de C.V., 2007
Av. Río Mixcoac 274, Col. Acacias
03240, México, D.F.

Alfaguara es un sello editorial del **Grupo Prisa**.
Éstas son sus sedes:

ARGENTINA, BOLIVIA, CHILE, COLOMBIA, COSTA RICA, ECUADOR, EL SALVADOR,
ESPAÑA, ESTADOS UNIDOS, GUATEMALA, MÉXICO, PANAMÁ, PARAGUAY, PERÚ
PUERTO RICO, REPÚBLICA DOMINICANA, URUGUAY Y VENEZUELA.

Primera edición: mayo de 2007
Séptima reimpresión: octubre de 2012

ISBN: 978-970-770-795-5

Adaptación de la traducción: Equipo Alfaguara

Impreso en México

PRISA EDICIONES

Cuentos en verso
para niños perversos

Roald Dahl
Ilustraciones de Quentin Blake

ALFAGUARA

Índice

La Cenicienta

"¡Si ya me la sé de memoria!",
dirás. Y, sin embargo, de esta historia
tienes una versión falsificada,
rosada, tonta, cursi, azucarada,
que alguien con la mollera un poco rancia
consideró mejor para la infancia...

* * *

El lío se organiza en el momento
en que las Hermanastras de este cuento
se marchan a Palacio y la pequeña
se queda en la bodega a partir leña.
Allí entre los ratones llora y grita,
golpea la pared, se desgañita:
"¡Quiero salir de aquí! ¡Malditas brujas!
¡Les arrancaré el CHONGO por granujas!"
Y así hasta que por fin asoma el Hada
por el encierro en el que está su ahijada.
"¿Qué puedo hacer por ti, Ceny querida?
¿Por qué gritas así? ¿Tan mala vida
te dan esas lechuzas?". "¡Frita estoy
porque ellas van al baile y yo no voy!"
La chica patalea furibunda:
"¡Pues yo también iré a esa fiesta inmunda!
¡Quiero un traje de noche, un paje, un coche,
zapatos de charol, sortija, broche,
aretes de coral, pantys de seda
y aromas de París para que pueda
enamorar al Príncipe en seguida
con mi belleza fina y distinguida!"
Y dicho y hecho, al punto Cenicienta,

en menos tiempo del que aquí se cuenta,
se apareció en Palacio, en plena disco,
dejando a sus rivales hechas cisco.

* * *

Con Ceny bailó el Príncipe rocks miles
tomándola en sus brazos varoniles
y ella se le abrazó con tal vigor
que allí perdió su Alteza su valor,
y mientras la miró no fue posible
que le dijera cosa inteligible.
Al dar las doce Ceny pensó: "Nena,
como no corras la hemos hecho buena",
y el Príncipe gritó: "¡No me abandones!",
mientras se le agarraba a los riñones,
ella jalando y él hecho un pesado
hasta que el traje quedó todo destrozado.
La pobre se escapó medio en camisa,
pero perdió un zapato con la prisa.

El Príncipe, embobado, lo tomó
y ante la Corte entera declaró:
"¡La dueña del pie que entre en el zapato
será mi dulce esposa, o yo me mato!"
Después, como era un poco despistado,
dejó en una bandeja el chanclo amado.
Una Hermanastra dijo: "¡Ésta es la mía!",
y, en vista de que nadie la veía,
pescó el zapato, lo tiró al retrete,
y lo desapareció en un periquete.
En su lugar, disimuladamente,
dejó su zapatilla maloliente.

* * *

Ya ves, la historia mejora
mientras la suerte de Ceny empeora.
En cuanto salió el sol, salió su Alteza
por la ciudad con toda ligereza
en busca de la dueña de la prenda.

De casa en casa fue, de tienda en tienda,
e hicieron cola muchas damiselas
sin resultado. Aquella vil chinela,
incómoda, pestífera y hedionda,
no le quedaba bien a ninguna a la redonda.
Así hasta que fue el turno de la casa
de Cenicienta… "¡Pasa, Alteza, pasa!",
dijeron las perversas Hermanastras
y, tras guiñar un ojo a la Madrastra,
se puso la de más cara de cerdo
su propia zapatilla en el pie izquierdo.
El Príncipe dio un grito, horrorizado,
pero ella gritó más:
"¡Ha entrado! ¡Ha entrado!
¡Seré tu dulce esposa!". "¡Un cuerno frito!"
"¡Has dado tu palabra, Principito,
precioso mío!". "¿Sí? –rugió su Alteza–.
¡Ordeno que le corten la cabeza!"
Se la cortaron de un único tajo
y el Príncipe dijo: "Buen trabajo.
Así no está tan fea". De inmediato
gritó la otra Hermanastra: "¡Mi zapato!

¡Deja que me lo pruebe!". "¡Prueba esto!",
bramó su Alteza real con muy mal gesto
y, echando mano de su leal espada,
la descocorotó de una estocada.

* * *

En la cocina Cenicienta estaba
quitándoles las vainas a unas habas
cuando escuchó los botes –pum, pam, pam–
del coco de su hermana en el zaguán,
así que se asomó desde la puerta
y preguntó: "¿Tan pronto y ya despierta?"
El Príncipe dio un salto: "¡Otro melón!",
y a Ceny le dio un vuelco el corazón.
"¡Caray! –pensó– ¡Qué bárbara es su Alteza!
Con ese yo me juego la cabeza…
¡Pero si está completamente loco!"
Y cuando gritó el Príncipe: "¡Ese coco!
¡Córtenselo ahora mismo!", en la cocina
brilló la vara del Hada Madrina.
"¡Pídeme lo que quieras, Cenicienta,
que tus deseos corren por mi cuenta!"
"¡Hada Madrina –suspiró la ahijada–,
no quiero ya príncipes ni nada
que pueda parecérseles! Ya he sido
Princesa por un día. Ahora te pido
quizá algo más difícil e infrecuente:
un compañero honrado y buena gente.

¿Podrás encontrar uno para mí,
Madrina amada? Yo lo quiero así..."

* * *

Y en menos tiempo del que aquí se cuenta
se descubrió de pronto Cenicienta
a salvo de su Príncipe y casada
con un tipo que hacía mermelada.
Y, como fueron ambos muy felices,
nos dieron con el tarro en las narices.

Juan
y la habichuela mágica

La madre de Juan dijo: "Se acabó.
No queda en casa ni un centavo... Y digo yo
que ofrezcas a la vaca en el mercado,
a ver si la compra algún tipo despistado.
Limítate a decir lo sana que es la Juana,
aunque tú y yo sepamos que es anciana".

* * *

Se fue Juan con la vaca y luego regresó
diciendo: "¡Madre, por fin alguien cayó!
Jamás habrá un negocio tan redondo
como el que hizo tu Juan".
"¡Mira el sabihondo!
Seguro que tu trato es un desastre
y que te ha tumbado algún pillastre..."

Mas cuando Juan, con gesto astuto y pillo,
extrajo una habichuela del bolsillo
su madre saltó un cuádruple mortal,
se puso azul y gritó: "¡Animal!
¿Te has vuelto loco? Dime, tarambana,
¿te han dado una habichuela por la Juana?
¡Te mato!", y tiró al huerto la habichuela,
agarró a Juan y le atizó candela
con la manguera de la aspiradora
pegándole por lo menos media hora.
A las diez de la noche, sin embargo,
la planta empezó a echar un tallo largo,
tan largo que la punta se perdía
entre las nubes cuando llegó el día.
Juanito gritó: "¡Madre, echa un vistazo
y dime si ayer no hice un negociazo!"
La madre dijo: "¡Calla, pasmarote!
¿Acaso da habichuelas ese brote
que pueda yo meter en el puchero?
¡No agotes mi paciencia, majadero!"
"¡Por Dios, mamá, que no hablo de semillas!
¿No ves que es de oro? ¡Mira cómo brilla!"
¡Cuánta razón tenía el CHICUELO!

Allá afuera, estirándose hasta el cielo,
brillaba una alta torre de hojas de oro
más imponente que el mayor tesoro.
La madre de Juanito, espeluznada,
pegó otro brinco y dijo: "¡Qué burrada!
Hoy mismo compro un Rolls, me voy a Ibiza
y abro una cuenta en un banco suiza.
¡Vamos, granuja, tráeme las que puedas
y las que no sean de oro te las quedas!"
Y Juan, sin atreverse a vacilar,
trepó por la habichuela sin tardar,
ganando altura –no preguntes cuánta–
hasta alcanzar la punta de la planta.
Más una vez allí ocurrió una cosa
de lo más temible y horrorosa:
se levantó un estruendo tremebundo
como si se acercara el fin del mundo
y habló una voz terrible, muy cercana,
que dijo: "¡ESTOY OLIENDO
A CARNE HUMANA!"
Juanito se dio un susto de caballo
y sin pensarlo más bajó del tallo.
"¡Ay, madre!, si lo sé, yo no te escucho,

que arriba hay un señor que grita mucho,
que yo lo vi, y me parece injusto
subir y que me peguen otro susto…!
Es un gigante. Y anda bien de olfato".
"¡Qué tonterías dices, mentecato!"
"Me olió sin verme, madre, te lo juro.
Es un gigante enorme, estoy seguro…"
"Naturalmente que te olió, marrano,
que no te duchas más que en el verano
y apestas como un chivo y no obedeces
por más que te lo mande cien mil veces…"

Juan respondió: "Mamá, ¿por qué no subes,
ya que eres tan valiente, hasta las nubes,
tú misma?", y ella dijo: "¡Desde luego!
Yo sin luchar a tope no me entrego".
Se arremangó las faldas y de un salto
tomó la enorme planta por asalto
y se perdió en sus hojas, mientras Juan
dudaba del buen éxito del plan,
temiendo que el olorcito mareante
de su mamá enfadara a aquel gigante.

* * *

Mirando arriba estaba… hasta que un ruido
que no esperaba, más bien un chasquido
terrible, y una voz desde la altura,
llegaron a su oído: "ESTABA DURA Y LE
SOBRABAN HUESOS, PERO AL MENOS
LOS DOS MUSLITOS ME HAN SABIDO
BUENOS!"

"¡Caramba! –exclamó Juan–. ¡Ese chiflado
se tragó a mi madre de un bocado!
–Olfateó– ya lo decía yo,
ese olorcito horrible…". Y contempló
la inmensa planta de oro: "¡Mala suerte!
Tendré que enjabonarme y frotar fuerte
para poder pasar por inodoro
si quiero reincidir en lo del oro".
Conque se dirigió al cuarto de baño
por la primera vez en aquel año,
gastó siete champús, doce jabones,
y se llenó los pelos de lociones,
se cepilló las muelas y los dientes
y se dejó las uñas relucientes.
Volvió luego a la planta nuestro chico
y allí arriba seguía, hecho un borrico,
sorbiéndose los mocos y escupiendo,
nuestro gigante bárbaro y horrendo:
"¡NO ESTOY OLIENDO NADA
POR AHORA!",
gruñía sordamente. Varias horas
esperó Juan. Por fin cayó dormido
el monstruo, y el muchacho, sin un ruido,

hizo cosecha de oro a troche y moche
y durmió billonario aquella noche.
"Bañarse –dijo– es algo muy seguro.
Me daré un baño al mes en el futuro".

Blanca Nieves
y los siete enanos

Cuando murió la madre de Blanquita
dijo su padre, el Rey: "Esto me irrita.
¡Qué cosa tan pesada y tan latosa!
Ahora tendré que dar con otra esposa..."
Es, por lo visto, un lío del demonio
para un Rey componer su matrimonio.
Mandó anunciar en todos los periódicos:
"Se necesita Reina" y, muy metódico,
recortó las respuestas que en seguida
llegaron a millones... "La elegida
ha de mostrar con pruebas convincentes
que eclipsa a cualquier otra pretendiente".

Por fin fue preferida a las demás
la señorita Obdulia Carrasclás,
que trajo un artefacto extraordinario
comprado en algún exótico anticuario:
era un ESPEJO MÁGICO PARLANTE
con marco de latón, limpio y brillante,
que contestaba a quien le planteara
cualquier cuestión con la verdad más clara.
Así si, por ejemplo, alguien quería
saber qué iba a cenar ese día,
la cosa le decía sin tardar:
"Lentejas o te quedas sin cenar".
El caso es que la Reina, que Dios guarde,
le preguntaba al trasto cada tarde:
"Dime, Espejito, cuéntame una cosa:
de todas, ¿no soy yo la más hermosa?"
Y el cachivache decía siempre: "Mi Señora,
vos sois la más hermosa, encantadora
y bella de este reino. No hay rival
a quien no hayáis comido la moral".

* * *

La Reina repitió diez largos años
la estúpida pregunta y sin engaños
le contestó el Espejo, hasta que un día
Obdulia oyó al cacharro que decía:
"Segunda sois, Señora. Desde el jueves
es mucho más hermosa Blancanieves".
Su majestad se puso furibunda,
armó una impresionante barahúnda
y dijo: "¡Yo me cargo a esa muchacha!
¡La aplastaré como a una cucaracha!
¡La despellejaré, la haré guisar
y me la comeré para almorzar!"
Llamó a su Cazador al aposento
y le gritó: "¡Cretino, escucha atento!
Vas a llevarte al monte a la Princesa
diciéndole que van a buscar fresas
y cuando estén allí, vas a matarla,
desollarla muy bien, descuartizarla
y, para terminar, vas a traerme en un instante
su corazón caliente y palpitante".

* * *

El Cazador llevó a la criatura,
mintiéndole vilmente, a la espesura
del Bosque. La Princesa, que se olió
la torta, dijo: "¡Espere! ¿Qué he hecho yo
para que usted me mate, Cazador?
—el brazo y el cuchillo del señor
erizaban el pelo al más pintado—.
¡Déjeme, por favor, no sea pesado!"
El Cazador, que no era mala gente,
se derritió al mirar a la inocente.
"¡Aléjate corriendo de mi vista,
porque, si me lo pienso más, vas lista...!"
La chica ya no estaba —¡qué iba a estar!—
cuando el verdugo terminó de hablar.
Después fue el hombre a ver al carnicero,
pidió que le sacara un buen cordero,
compró media docena de costillas
además del corazón y, a pies juntillas,
Obdulia tomó aquella porquería
por carne de Princesa. "¡Que mi tía
se muera si he fallado a su encargo,
Señora...! Se hace tarde... Yo me largo..."

"Te creo, Cazador. Marcha tranquilo
–dijo la Reina–. ¡Y ese medio kilo
de chuletas y ese corazón
los quiero bien tostados al carbón!",
y se los engulló, la muy salvaje,
con un par de vasitos de brebaje.

¿Qué hacía la Princesa mientras tanto?
Pues auto-stop para curar su espanto.
Volvió a la capital en un boleo
y consiguió muy pronto un buen empleo
de ama de llaves en el domicilio
de siete divertidos hombrecillos.
Habían sido jockeys de carreras
y serían todos muy simpáticos, si no fuera
por un vicio que en sábados y fiestas
les devoraba el coco: ¡las apuestas!
Así, si en los caballos no atinaban
un día, aquella noche no cenaban...
Hasta que una mañana dijo Blanca:
"Tengo una idea, chicos, que no es manca.
Dejen todo el asunto por mi cuenta,
que yo voy a resolver lo de su renta,
pero hasta que vuelva de un paseo
no quiero que jueguen ni al veo-veo".
Se fue Blanquita aquella misma noche
de nuevo en auto-stop –y en un buen coche–
hasta Palacio y, siendo chica lista,
cruzó los aposentos sin ser vista;

el Rey estaba absorto haciendo cuentas
en el Despacho Real y la sangrienta
Obdulia se encontraba en la cocina
comiendo pan con miel y margarina.
La joven pudo, pues, llegar al fin
hasta el dichoso Espejo Parlanchín,
echárselo en un saco y, de puntillas,
volver sobre sus pasos dos mil millas
—que eso le parecieron, pobrecita—.
"¡Muchachos, aquí traigo una cosita
que todo lo adivina sin error!

¿Quieren probar?". "¡Sí, sí!", dijo el mayor:
"Mira, Espejito, no nos queda ni un centavo,
así que tendrás que dar en todo el clavo:
¿quién ganará mañana la tercera?"
"La yegua Rififí será primera",
le contestó el Espejo roncamente...
¡Imagina la euforia consiguiente!
Blanquita fue aclamada, agasajada,
despachurrada a besos y estrujada.
Luego corrieron todos los Enanos
hasta el local de apuestas más cercano
y no les quedó un mal maravedí
que no fuera a parar a Rififí:
vendieron el Volkswagen, empeñaron
relojes y colchones, se entramparon
con una sucursal de la Gran Banca
para apostarlo todo a su potranca.
Después, en el hipódromo, se vio
que el Espejito no se equivocó,
y ya siempre los sábados y fiestas
ganaron los muchachos sus apuestas.
Blanquita tuvo parte en beneficios
por ser la emperatriz del artificio,

y en cuanto corrió un poco el calendario,
se hicieron todos superbillonarios
—de donde se deduce que jugar
no es mala cosa... si se va a ganar.

Rizos de Oro
y los tres osos

¡Jamás debió ponerse en un estante
una bellaquería semejante!
¿Cómo una madre amante y responsable
puede dejar la historia detestable
de esta malvada niña entre las manos
de unos retoños cándidos y sanos?
Si de mí dependiera, Rizos de Oro
estaría entre rejas como un loro...
imagínense ustedes qué gracioso
resulta hacer potaje para oso,
café, bizcochos con su mermelada
y, con la mesa puesta y preparada,
que diga Papá Oso: "¡Mil cornejas!
¡La sopa está que quema las orejas!
Vamos a dar un paseo juntos

hasta que este potaje esté en su punto.
Además, caminar un buen ratito
nos abrirá mejor el apetito".
Ninguna ama de casa se opondría
a propuesta de tal sabiduría
—y menos con el genio singular
de un oso cuando es hora de almorzar.

* * *

Pues bien, en cuanto dejan la mansión
se cuela Rizos de Oro en el salón
y, cual reptil sinuoso y repelente,
lo curiosea todo soezmente.
Al punto ve el potaje apetitoso
que puso en los tres platos Mamá Oso
y, en menos tiempo del que aquí se cuenta,
sobre ellos se abalanza violenta,
imagínense, insisto, qué faena,
después de preparar cosa tan buena,
que acabe en el estómago incivil
de alguna delincuente juvenil.
¡Y no se acaba ahí la cosa!, lo mejor

viene a continuación de lo anterior.
Como mujer de hogar que usted se siente,
ha ido con todo amor, pacientemente,
coleccionando muchos trastos viejos:
un angelote manco, dos espejos,
tres sillas y un armario estilo imperio
comprado en subasta y, lo más serio,
una silla de niño isabelina
que un día heredó usted de su madrina.
Es esa silla orgullo y gloria
de su querida casa y no hay historia
que usted no cuente de ella y se derrita
cuando la enseña ufana a las visitas.
Pues, como iba diciendo, Rizos de Oro
sin el menor recato ni decoro
coloca su trasero gordinflón
sobre la silla histórica en cuestión
y, como no le importa tres pepinos
el mobiliario estilo isabelino,
se tira en un segundo malhadado
de su salón el mueble más preciado.
Cualquier niña diría: "¡Qué desgracia!
¡Merezco un buen castigo por mi audacia!"

Pero no Rizos de Oro que, al contrario,
exhibe su peor vocabulario:
"¡Maldito cachivache!" y otras cosas
que, de tan malsonantes y espantosas,
no puedo ni me atrevo a transcribir
ni creo que se deban imprimir.

* * *

Ustedes pensarán que aquí termina
su expedición fatal nuestra heroína...
Pues yo lo siento mucho, amigos míos,
pero no acaba aquí todo este lío.
La miserable quiere tomar la siesta,
así que va a mirar dónde se acuesta.
Sube a los dormitorios de los osos,
compara qué edredón es más lanoso,
los prueba del derecho y del revés,
y se echa en el más blando de los tres.
Como sabes, la gente de provecho
se suele descalzar cuando va al lecho,
pero con Rizos de Oro no hay enmienda
ni se le ocurre cosa que no ofenda.

Puedes imaginarte lo espantosos
que estaban sus zapatos asquerosos,
pestífero llevaban en las suelas.
Hasta algo que hizo un perro y, por que huela
tan sólo a tinta el libro, uno se calla...
Y, digo una vez más: ¿Es que no estalla
cualquiera a quien un monstruo dormilón
le deje hecho un desastre su edredón?

* * *

¿Se dan cuenta cabal de la cadena
de crímenes tramados por la nena?
Crimen número uno: la acusada
comete allanamiento de morada.
Crimen número dos: el personaje
se queda con tres platos de potaje.
Crimen número tres: la muy cochina
destroza una sillita isabelina.
Crimen número cuatro: la madama
se limpia los zapatos en la cama...
Un juez no dudaría ni un instante:
"¡Diez años de presidio a esa petulante!"

Pero en la historia, tal como se cuenta,
la miserable escapa tan contenta
mientras los niños gritan encantados:
"¡Qué bien, Ricitos de Oro se ha salvado!"

* * *

Yo, en cambio, le daría otro final
a un cuento tan infame y criminal:
"¡Papá! –grita el Osito–, estoy furioso.
No tengo sopa". "¡Vaya! –dice el Oso–.
Pues sube al dormitorio: está en la cama,
metida en la barriga de una dama,
así que no tendrás más solución
que dar cuenta del caldo y del tazón".

Caperucita Roja
y el Lobo

Estando una mañana haciendo el bobo
le entró un hambre espantosa al Señor Lobo,
así que, para echarle algo a la muela,
se fue corriendo a casa de la Abuela.
"¿Puedo pasar, Señora?", preguntó.
La pobre anciana, al verlo, se asustó
pensando: "¡Éste me come de un bocado!"
Y, claro, no se había equivocado:
se convirtió la Abuela en alimento
en menos tiempo del que aquí te cuento.
Lo malo es que era flaca y tan huesuda
que al Lobo no le fue de gran ayuda:

"Sigo teniendo un hambre aterradora...
¡Tendré que merendarme otra señora!"
Y, al no encontrar ninguna en la nevera,
gruñó con impaciencia aquella fiera:
"¡Esperaré sentado hasta que vuelva
Caperucita Roja de la Selva!"
Y porque no se viera su fiereza,
se disfrazó de abuela con presteza,
se echó laca en las uñas y en el pelo,
se puso la gran falda gris de vuelo,
zapatos, sombrerito, una chaqueta
y se sentó en espera de la nieta.
Llegó por fin Caperu a mediodía
y dijo: "¿Cómo estás, abuela mía?
¡Por cierto, me impresionan tus orejas!"
"Para mejor oírte, que las viejas
somos un poco sordas". "¡Abuelita,
qué ojos tan grandes tienes!". "¡Claro, hijita,
son los lentes nuevos que me ha puesto
para que pueda verte Don Ernesto
el oculista", dijo el animal
mirándola con gesto angelical
mientras se le ocurría que la chica

iba a saberle mil veces más rica
que el alimento precedente. De repente
Caperucita dijo: "¡Qué imponente
abrigo de piel llevas este invierno!"
El Lobo, estupefacto, dijo: "¡Un cuerno!
O no sabes el cuento o tú me mientes:
¡Ahora te toca hablarme de *mis dientes*!
¿Me estás tomando el pelo...? Oye, mocosa,
te comeré ahora mismo y a otra cosa".
Pero ella se sentó en un canapé
y se sacó un revólver del corsé,
con calma apuntó bien a la cabeza
y –¡pam!– allí cayó la buena pieza.

Al poco tiempo vi a Caperucita
cruzando por el Bosque... ¡Pobrecita!
¿Sabes lo que la descarada usaba?
Pues nada menos que con un abrigo desfilaba
y a mí me pareció de piel de un lobo
que estuvo una mañana haciendo el bobo.

Los tres cerditos

El animal mejor que yo recuerdo
es, sin ninguna duda, el cerdo.
El cerdo es bestia lista, es bestia amable,
es bestia noble, hermosa y agradable.
Mas, como en toda regla hay excepción,
también hay algún cerdo tontarrón.
Dígame usted si no: ¿qué pensaría
si paseando por el Bosque un día,
topara con un cerdo que trabaja
haciéndose una gran casa... de PAJA?
El Lobo, que esto vio, pensó: "Ese idiota
debe de estar fatal de la pelota..."
"¡Cerdito, por favor, déjame entrar!"

"¡Ay no, que eres el Lobo, eso ni hablar!"

"¡Pues soplaré con más fuerza que el viento

y aplastaré tu casa en un momento!"

Y por más que rezó la criatura

el Lobo destruyó su arquitectura.

"¡Qué afortunado soy –pensó el bribón–.

¡Veo la vida de color jamón!"

Porque de aquel cerdito, al fin y al cabo,

ni se salvó el hogar ni quedó el rabo.

El Lobo siguió dando su paseo,

pero un rato después gritó: "¿Qué veo?

¡Otro lechón adicto al bricolaje

haciéndose una casa... de RAMAJE!

¡Cerdito, por favor, déjame entrar!"

"¡Ay no, que eres el Lobo, eso ni hablar!"

"¡Pues soplaré con más fuerza que el viento

y aplastaré tu casa en un momento!"

Farfulló el Lobo: "¡Ya verás, lechón!",

y se lanzó a soplar como un tifón.

El cerdo gritó: "¡No hace tanto rato

que te has desayunado! Hagamos un trato..."

El Lobo dijo: "¡Harás lo que yo te diga!"

Y pronto estuvo el cerdo en su barriga.

"No ha sido mal almuerzo el que hemos hecho,
pero aún no estoy del todo satisfecho
–se dijo el Lobo–. No me importaría
comerme otro cochino a mediodía".
De modo que, con paso subrepticio,
la fiera se acercó hasta otro edificio
en cuyo comedor otro marrano
trataba de ocultarse del villano.
La diferencia estaba en que el tercero,
de los tres era el menos majadero
y que, por si las moscas, el muy pillo
se había hecho la casa... ¡de LADRILLO!
"¡Conmigo no podrás!", exclamó el cerdo.
"¡Tú debes de pensar que soy lerdo!
–le dijo el Lobo–. ¡No habrá quien impida
que tumbe de un soplido tu guarida!"
"Nunca podrás soplar lo suficiente
para arruinar mansión tan resistente",
le contestó el cochino con razón,
pues resistió la casa el ventarrón.
"Si no la puedo hacer volar soplando,
la volaré con pólvora... y andando",
dijo la bestia y el lechón sagaz,

que aquello oyó, chilló: "¡Serás capaz!",
y lleno de zozobra y de congoja,
un número marcó: "¿Familia Roja?"
"¡Aló! ¿Quién llama? –le contestó ella–.
¡Cochino! ¿Cómo estás? Yo aquí, tan bella
como acostumbro, ¿y tú?". "Caperu, escucha.
Ven aquí en cuanto salgas de la ducha".
"¿Qué pasa?", preguntó Caperucita.
"Que el Lobo quiere darme dinamita,
y como tú de lobos sabes mucho,
quizá puedas dejarle sin cartuchos".
"¡Querido marranín, cerdito guapo!
Estaba proyectando comprar trapos,
así que, aunque me da cierta pereza,
iré en cuanto me seque la cabeza".
Poco después Caperu atravesaba
el Bosque de este cuento. El Lobo estaba
en medio del camino, con los dientes
brillando cual puñales relucientes,
los ojos como brasas encendidas,
todo él lleno de impulsos homicidas.
Pero Caperucita –ahora de pie–
volvió a sacarse el arma del corsé

y alcanzó al Lobo en punto tan vital
que la lesión le resultó fatal.
El cerdo, que observaba con ojo avizor,
gritó: "¡Caperucita Roja es la mejor!"

* * *

¡Ay, puerco ingenuo! Tu pecado fue
confiar en la chica del corsé.
Porque Caperu luce últimamente
no sólo dos abrigos imponentes
de Lobo, sino un maletín de mano
hecho con la mejor... ¡PIEL DE MARRANO!

Roald Dahl

Hijo de padres noruegos, nació en el país de Gales, el 13 de septiembre de 1916. Después de vida escolar muy rígida, decidió ir a trabajar en África con la Shell Oil Company. Cuando estalló la Segunda Guerra Mundial se incorporó a la Royal Air Force como piloto de combate pero un accidente aéreo le retiró del servicio. Esto le permitió dedicarse a la creación literaria. Novelas y cuentos para adultos, guiones cinematográficos y, sobre todo, sus obras para niños lo convirtieron en uno de los autores más leídos de este siglo.

En sus obras hay siempre un gran sentido del humor, casi siempre negro, y en todo momento toman partido por los niños.

Quentin Blake

Nació en Inglaterra. La primera vez que apareció publicada una ilustración suya tenía 16 años y todavía era estudiante. Desde entonces se ha dedicado a dibujar así como a la docencia.

Ha ilustrado a muy diversos autores de la literatura infantil, incluyendo a Roald Dahl, con quien hizo una mancuerna brillante, aunque también ha creado sus propios personajes. Su estilo es agudo, exuberante, irreverente, socialmente responsable y es capaz de contar historias fabulosas.

Con su trabajo ha ganado numerosos premios, entre los que se encuentra el Hans Christian Andersen de Ilustración, en 2002, que es el máximo reconocimiento internacional otorgado a los creadores de libros para niños.

Las obras de Roald Dahl no sólo ofrecen historias apasionantes...

Un 10% de los derechos de autor* de este libro se destina a financiar la labor de las organizaciones benéficas de Roald Dahl.

La Roald Dahl Foundation cuenta, por todo el Reino Unido, con enfermeros especializados en pediatría que atienden a niños con epilepsia, desórdenes sanguíneos y daño cerebral adquirido. La Fundación también proporciona ayuda económica a niños y jóvenes con problemas hematológicos, neurológicos y de alfabetización —cuestiones todas ellas cercanas a Roald Dahl a lo largo de su vida— por medio de donaciones destinadas a hospitales e instituciones benéficas del Reino Unido, así como a los propios niños y sus familias.

El Roald Dahl Museum and Story Centre tiene su sede en Great Missenden, localidad de Buckinghamshire cercana a Londres donde Roald Dahl residió y escribió muchas de sus obras. El museo, cuya intención es fomentar el amor por la lectura y la escritura, alberga el archivo único de cartas y manuscritos del autor. Además de dos galerías biográficas que ofrecen grandes dosis de diversión, el museo cuenta con un centro de relatos interactivo donde familias, profesores y alumnos pueden explorar el emocionante mundo de la creatividad literaria.

www.roalddahlfoundation.org
www.roalddahlmuseum.org

Roald Dahl Foundation (RDF) es una organización benéfica registrada. Número 1004230.
Roald Dahl Museum and Story Centre (RDMSC) es una organización benéfica registrada. Número 1085853.
Roald Dahl Charitable Trust, organización benéfica recientemente establecida, apoya la labor de RDF y RDMSC.

* Los derechos de autor donados son netos de comisiones